EL CORAZÓN DESNUDO

Marina Bermúdez Ujía

COLECCIÓN ITES

EL CORAZÓN DESNUDO

© Marina Bermúdez Ujía
© Corrección: Cristina Ocete
© de esta edición: Olé Libros, 2025

ISBN: 979-13-87620-51-6
Depósito legal: V-1388-2025
Impreso en España

KALOSINI, S. L.
Grupo editorial olélibros
equipo@olelibros.com
www.olelibros.com

*...y aunque la boca me sepa amarga por el sabor de la incertidumbre
me queda el gusto de la espera que, si no tarda,
me sabrá a gloria la vida entera*

Semillas de nostalgia

I. INTIMIDAD

qué miedo me da la intimidad
y cómo me gusta desnudarla
y aquí me escribo y tú me lees,
y algunas veces me conocen
y otras no sé quién soy yo;
y en estas profundidades
he dado a luz mil sentimientos
...
y si la vida te prepara para tener sangre fría
cómo escribir con el alma vacía (?)
y pobre de mí,
de nosotros
y de aquellos, de corazón acelerado
dime tú,
¿cómo se para un amor sin freno?

2.

en la oscuridad
de tus ojos cerrados
y de mi amor ciego

3. A MEDIAS

estoy pensando si quererte del todo o quererte a medias
porque si llegases a ser mi utópica mitad,
aún podría llegar a usar
el otro medio corazón
que has dejado sin dañar

4. REBELIÓN

y moriré de amor en esta rebelión
seré carne de granja
corazón de cañón
una mujer de espinas
con heridas de flor
sangre roja,
un futuro prometedor (?)
y no hay peor muerto que el que no quiere vivir
¡y no hay peor muerte para el que siente mucho y no quiere escribir!
me duermo en los laureles y mi sueño en un jardín
(de flores de muchos colores y la realidad vestida gris)
y qué alegría escribir, así:
¡sin miedo a morir!

5. NÁUFRAGA

tus ojos de mar
mis sentimientos náufragos
navego entre lágrimas
mis pies no tocan fondo
mis ojos no atisban tierra
ebria de tu influencia,
varo en distintos puertos
huyo de la resaca, pero tengo sed de ser,
sed de esencia

me ahogo en lágrimas saladas
ya he perdido el norte, el rumbo de mi vida

pero con la razón aún intrépida
<u>naufrago</u>
tus ojos azules de mar
de cielo despejado
de aguas paradisíacas
y me mareo en la tempestad
vomito tu recuerdo, el horizonte se ríe de mí
me recuerda que aquello que se siente tanto nunca tiene fin
...
y se presenta la noche
me nubla aún más la vista
y te hablo con voz tenue como si quisiese evitar despertar pesadillas
y cierro los ojos, empapados
del <u>mar</u> profundo de los tuyos

y así, sujetándome la mirada,
de tus ojos me alejo
del camino de la ilusión
y del recelo de tu hechizo

6.

el tiempo pasa
la vida expira
tu voz me inspira
mi locura   tu alegría
mi calma   en tu arrebato de ira

7. VIDRIO

y te amo
porque no te miro
estoy escrutando(te)
me hundo en cada uno de tus poros
desconecto
y se me entreabre la boca
estoy sonriendo, pero todavía no me he dado cuenta
me gusta hasta la forma en la que se apoya tu codo en el canto
                                                    [de la mesa, pienso
y esa forma que adoptan tus dedos al sujetar el vaso
has cogido carrerilla hablando y te quejas, te desahogas
y me miras rogando aprobación y yo te asiento
(aunque no esté a favor)
desconecto del mundo y su murmullo, pero quiero que sigas hablando
lo siento, hace ya un rato que me salí del plano
acaso estoy en otra escena de la peli que me he montado (?)
pestañeo rápido y me espabilo
tú te pones más tenso, más intenso
y sigues escupiendo palabras que echan a correr
y adelantas el tiempo
y ahora me tocaría pensar «ojalá se congelase este instante»
pero ya tengo la mano helada
y no me queda más cerveza
te paras y me dices:
«perdona si te aburro, ahora te pido otra»
y cuando pides otra...
la luz del cielo ya es naranja
y sigo escrutando(te)
y está oscuro
pero tú, sigues brillando por los ojos
y los míos te tienen envidia

y ahora tengo dos botellas de vidrio
que se vacían...

8.

tenía dureza en la mirada
como Medusa
belleza, fuerza
mi Musa
y yo hechizado como Poseidón
enloquezco preso del delirio por aquellos ojos de vidrio
que me miraron y ya no supe si,
el mundo se había parado
o yo, petrificado
quise esculpir la lápida de mi derrota
y aún no sé si vivo, o muerto de *amor*

9. MUJERES

a veces miro a esas mujeres que son tan guapas
y pienso, algún complejo tendrán
y hablo con ellas y envidio su humildad,
sigo pensando que tiene truco
¿a cuánto pagan la felicidad?
intento parecer sólida, coherente
responder sin fragilidad
miro a esas mujeres que son tan amables y pienso,
¿algún defecto tendrán?
hablo con ellas y tienen afecto, empatía, han combatido batallas internas,
¡menuda seguridad!
miro a esas mujeres que son tan ajetreadas y pienso,
¿algún día se rendirán?
hablo con ellas y han participado en movidas sociales, son activistas y pienso,
¡hemos venido a luchar!
miro de nuevo a esas mujeres
y veo a mis amigas
a mi madre
a mi abuela
a mis tías
a mi prima
a mi compañera
y a mi ex profe
y mi vecina
y a la mujer que se maquilla en el metro
y a la que saca la basura
y a la que taconea hacia el metro
y a la que lleva a los niños al cole
y a la que cuida a la señora
y a la que conduce el metro
y a la que entra al hospital

y a la que abre la primera cafetería
y a la que va la obra antes de que salga el sol...
veo a todas esas mujeres
y pienso
¡menuda revolución!
me miro en el reflejo del tren
y pienso
¿ellas también me verán así?
y la mujer que me sirve el primer café me bendice el día
y la mujer que lee en frente de mí me sonríe
y la señora que se ajusta las gafas me hace una mueca de afecto
y camino a la oficina, sonrío
porque todas esas mujeres maravillosas también se sonríen entre ellas
¡unión y sororidad!

10.

no quiero una noche,
quiero todos tus días
no quiero una cura,
quiero manchas de sangre de tu profunda herida

I I. ANGUSTIAS

bebo tu sangre de un cáliz
y pienso
reconsidero
inconsciente
erosiono
mi mente caliza
piedra
en caminos oscuros de
desvío   curvas
tropiezo
         caigo
me   desvivo
no lo llamo destino
promesas lejanas
ansían veracidad
papeles rotos
de esquemas hechos trizas
conjugan   tristeza
sobrepensada
sobre   esta madrugada
       sosegada
me desenfundo y difundo
versos de   difunto
me poso   mariposa alicaída
escondo la indiferencia entre los hombros elevados
afligida
aprieto los puños, rabia, ira
las garras del pasado afiladas
heridas
escuece y resiento
le pongo carisma al dolor

se me han muerto hasta las flores
cara mustia   carismática mueca
<u>angustia</u>,
¡cuánta angustia!

12. LUJO BARATO

desayuno con bata
y pendientes de «oro»
que son de acero
del Rastro, por si acaso...
estoy en una terraza que da a la plaza
los niños agitan el balón
la señora con los rulos se pasea de comunión
los hombres de piel ajada de salitre y demasiado sol
comentan las noticias
que cómo ha subido todo
que el mundo está loco
que menos mal que nos queda el vino
y un carajillo de celebración
yo observo reticente
la humildad de lo cotidiano
la simpleza de lo absurdo
lo burdo que es lo de siempre
y es lo que echo de menos de una ciudad cosmopolita
le falta vileza, simpleza, cotidianidad
vuelvo a casa y huelo ese aire de siempre
y en la terraza desayuno sin diamantes
pero me siento rica
me zampo la tostada y el café de un trago
con grosería, sin apaños,
sin aparentar
que esta es mi esencia
el lujo del barrio

13. SUMA

tengo cuentas pendientes
saldos sin balance
deudas sin saldar
he pedido un préstamo de amor
por tu falta de interés
soy poco de números
pero te tengo en cuenta
y nada de calcular me digo,
toda la suerte al azar
contigo todo me suma
las ganas se multiplican
pero tengo la razón dividida:
un cuarto de ira, un medio de mentira
mi esperanza a prueba de fracciones
al cubo de desilusiones
mi esquema roto
en un gráfico tu punto de inflexión
dame un infinito
que mediré lo que te quiero
y así jamás pondrás en duda,
que lo efímero a veces se vuelve duradero

14. CONTRATIEMPO

el mundo me presionó
y corrí antes de tiempo
quise vivir a mi ritmo
situarme en mi asedio
y de un atisbo ya había elegido
a ciegas, sin saber a dónde mirar
luego me observo,
intento entenderme,
no me entiendo,
lo dejo pasar

...

no vivir del recuerdo,
intentar adivinar
no concibo
dónde está mi camino
voy sin rumbo, sin norte
sin paz mental
tropiezo con piedras
me las había encontrado antes
me impidieron avanzar
ahora entiendo
ya no sirve mirar atrás
lo que recorrí en otra dirección
lo atajo y lo dejo pasar
me abro paso a la incertidumbre
salto
voy más allá...
este es un nuevo destino
¿dónde estás, felicidad?

15. HELADA

tienes el corazón tan frío
que es capaz de prender fuego
a todos los papeles que ya me has hecho perder

16. ESCALA DE AMOR

Richter estaría contento
has superado el 9, «desastre total»
por todos esos temblores que me provocas
cada vez que un te quiero pronuncias por tu boca

17. Eros

eres
espuma de cerveza
primer día de fiesta
eres
prólogo de libro
último estribillo
eres
primer rayo de sol
última luz de luna
eres
un tren pasando a tiempo
la casualidad y el encuentro
eres
vilo en mis certezas
voluntad en mi pereza
eres
luz y serenidad
antítesis en mi oscuridad
eres
locura sin desatar
fuerza sin desarmar
eres
amor sin nombre
caos en pleno orden

18.

hablas siempre en
un futuro que no es
ni simple ni perfecto
que es subjuntivo de
ojalá vinieras
a calmar mi incertidumbre
a colarte en mis ratos libres
a llenarme de fe
todas las mañanas
en las que veo tus ojos
reflejados
en mi café

19.

me estás buscando y no me encuentras
ya no estoy;
la misma que fui ayer no la conoces hoy

20. REFLEJO

llevas la cara triste
hace cuánto volviste
a mirarte en el espejo sin saber qué decirte
y esas gotas que caen de tus grietas,
estabas rota
por quien creías que esa herida te había cosido
y tú aún sin costuras, guardas la compostura
y esas gotas cada vez más escasas
el goteo, cada vez más lento
amaina tu disgusto y así vas apagando
dos mil incendios
pero tú,
que has venido a salvarnos
y solo faltabas tú,
y ahí te aguardas,
quemándote en tu infierno, cariño
pero su corazón es ignífugo
y tú estás helada
en la esquina de la calle de siempre
donde pega el viento y ves volar el dolor
y disfrutas ese aire gélido
que te trae de vuelta aquellas lágrimas
te acorralas la bufanda al cuello,
pisas los charcos con la seguridad de quien quiere aplastar su pasado
todo aquello que te hace infeliz
esa rabia incandescente
y caminas, taconeando hacia adelante
y no miras al frente, solo avanzas...
te metes en la cafetería de siempre,
pides el café a tu gusto
de exquisitez...

te dura dos segundos
coges el móvil, te agobian las noticias
son tristes
Instagram, envidia, piensas
contenido superfluo, mentiras
coges el móvil y escribes en notas:
«hoy es el día más frío de diciembre...
y hoy lo que quiero es verme arder...»

22. LA PLAZA

cómo no va a existir la poesía cuando oscurece el día
si un poeta vive muriendo en la rutina
ciega el sol su retina
y cómo no va a revivir al anochecer
si la luna se presenta fina y discreta
el cielo se sonroja, ardiente
y los poetas empiezan a recuperar la vista
a respirar vida...
y dime tú cómo no me va a inspirar una luz tan cálida
que apacigua y duerme, poco a poco, esta gran ciudad (?)

23.

sabes a café amargo
de un lunes
de marzo

25. Hechizo

el desorden llevas
en el iris retenido
en blanco me quedo
si a oscuras me miras
de lejos
sin luz
no te veo
no eres tú
a oscuras
de reojo,
miro al suelo
y me hace sombra tu reflejo

26.

a ver si mi recuerdo te hace mella
en alguna noche
en algún sueño
en alguna vida

27. POLOS OPUESTOS

el amor de mi vida tiene rotos y descosidos
mi pena de muerte tiene escudo y armadura heridos

28.

espera, me dije,
y miré al horizonte por si el destino me veía
y me decía:
no me hallas porque no puedes entorpecer tu camino
...
y cambié de acera
y crucé en rojo
y me arranqué el reloj
y perdí el norte
y di media vuelta
y giré la página...

Raíces desarraigadas

I. CIMIENTOS

no sé dónde echar raíces
sentimientos desarraigados
me siento endeble
como un cable de conexión fallida
como el tallo de una flor mustia
quiero estar de pie y sentirme a la altura,
quiero florecer y no perecer
solidez en mis palabras
sensatez en mis argumentos,
dejar de lamentar actitudes sórdidas
que le entre luz a mi mirada sombría
avanzo con la cabeza alta
paso por el Paseo de los Tristes con el torso encogido,
                   [media lágrima rociando el camino
me pesan las cadenas, más su condena
quiero sorprender- me, -te...
dejar de temer tu erguimiento
abrirme en mil pétalos
endulzarte con palabrería banal
y embellecer mi insulsez;
pero,
mis motivos florales crecían
en la rigidez de tus capiteles

2.

todas estas palabras de amor
gracias a tu guerra
pasaré todo este infierno
para encontrarnos en el cielo...

3. PARCHES

a veces seremos parche,
otras un bache
de alguna desilusión, tristeza
de alguna herida abierta
a veces viviremos en la ignorancia,
otras en la ilusión
algunas nos mantendremos con vida
otras sin corazón

4. MARTES

llevo encima una monotonía
que ni me calma ni me anima
y otra vez cenando en mi cuarto
miro el reloj que ya han dado las 22
y agotada mental
escribo esto sin propósito, sin fecha de fin

me enrollo como la persiana que tengo subida
pero hoy no sé qué quiero contarle a esta ventana
todo lo que quiero exteriorizar lo encierra este patio interior
y tensados mis pensamientos, los cuelgo de un tendedero de emociones
que tientan a las 4 cuerdas que me mantienen a mí unida
miro por la ventana y le escupo esta palabrería estúpida al aire de la noche
que ya deja respirar vida, que ha cumplido con los deberes
de esta ciudad que no se apaga, que siempre está activa

y ahora mis cuerdas flojean
ponen sobre el precipicio de este sexto mis lágrimas puestas a secar
he colgado un vestido de gala por si alguna vez provoco a alguna noche
he colgado a la par mis sábanas manchadas de tinta
del rímel negro de llorarte
del boli negro de escribirte
estoy romantizándome entre cuatro paredes blancas
qué envidia su pureza
están llenas de claridad
y yo les hago sombra...

23 años de adolescencia tardía
escribiendo en hora punta de reflexiones
fijando la alarma precoz de un mundo que se despierta con demasiada prisa
a las 7 de la mañana resucito, me pongo el moño y la sonrisa

hasta que me dan otra vez las mismas 22
y me recrimino a mí misma
Marina, que hoy no es día de escribir
que hay que romper esta costumbre inconformista
y reconstruir un corazón en ruinas
que ojalá escribiese algo más alegre
y me diese por poner flores
y rezarle a esta ventana
dando gracias al cielo
que por el hueco de este alto pasa la lluvia cuando llueve
y me riega las raíces
y se cuela un trozo de sol cuando amanece
y se esconde cuando la luna me avisa que encienda el flexo
que ya se ha hecho de noche
y otra vez aquí, hoy con luz pero sin brillo
me ensombrezco en esta lúgubre escena
y qué pena, escribir sin darme cuenta
bloqueo la pantalla del móvil
he decidido apagar mi vida
y antes de cerrar los ojos, leo:
«Martes 13»
y, entonces no sé si darte las buenas noches
o desearte buena suerte

5. TUS DEMONIOS YA CONOCÍAN MI CIELO

qué te dicen mis ojos
que ya no lloran
solo miran a la nada
esa dichosa
que lo tiene todo
porque no siente el vacío
de mi incesante sed
que no teme los diluvios
los olvidos
los recuerdo en fechas
y veo flechas, *flashes*, tiros, balas, velas
delante de un folio blanco
qué envidia mi mente impoluta
escupo palabrería sucia
para después lavarme la boca
escribo rápido como si se agotase la tinta
calculo, un grano de arena por palabra
miro al reloj con recelo su cadera fina por donde pasan
                                    [con descaro los segundos
me invaden los nervios en estampida
miro una estampita pero no le rezo
en mitad de este salón rancio enciendo una vela
                                    [a la que le queda medio poema
mi fuego interno se incrementa y cada vez estoy más oscura
la cera se está haciendo más fuerte que yo
me escenifico en un decorado art déco que no conjuga con mi asimetría mental
me estoy sintiendo analógica, estoy romantizando el dolor (?)
tengo las pupilas de tinta, pero solo escribo dolor pausado
atascado,
un renglón insulso, otro condenado
con el corazón manchado, congelo este instante como si fuese a enmarcarlo,

observo una foto de la infancia feliz y pienso irónicamente que
la sonrisa de esa foto no hubiera posado para esta cara larga
me ahogo en un caudal, tengo los ojos de cristal,
                                   [frágiles como las copas de la vitrina
sacudo la ceniza del Phillies en la ostra de cenicero,
siento el lujo de desahogarme sin consuelo
me siento rica en este sentimiento extremista
en algún tiempo habría tenido que ir a misa
tus demonios ya conocían mi cielo
y ahora tacho, confesiones de una ciudadana de a pie
más ordinaria que ordenada, más frágil que hábil
y me despido
con voz tenue
y luz incandescente...
dame fuegos que extinguir
hielo que derretir...
en mitad de la oscuridad hoy la noche me acoge con desvelo
y ya me quedan pocas horas para ver amanecer y fruncir el ceño con recelo

6. CALLEJÓN

la noche alumbrándome la cara apagada
la farola se ríe de mí
me apunta con su luz
un blanco fácil
esquivo el pensamiento
me atraviesa el frío como una bala
giro, quiero torcer el destino
esquivar el camino
me confundo de calle
sigue oscuro
un gato negro
mi suerte
perdida en ese callejón

7. CUERDOS

y en un mundo de «cuerdos» dime quién no está loco (?)
si nos traicionamos como perros
mordemos el mundo con ansia
lo comemos como cerdos
y dime quién
respira y no suspira
si en una calada entra más calma
te apacigua y llega hasta el alma
y dime quién escribe sino el que ama
y si la cura no está en querer amarse a uno mismo (?)
y quién no está harto de fingir
que siempre puede más
y masticas, masticas incertidumbre
lloras al futuro
lo adornas con flores
te vistes de negro
como cuervos mordemos la esperanza
carroñeros
rezamos en verde
pintamos el mundo de esperanza, inerte...
lamentas el desengaño
tienes un apaño que hacerte
te frustras, condenas
demasiadas cadenas
estoy en demasiadas cárceles mentales
encrucijadas mundiales
rojo herida
corazón suicida
y si la luna ha perdido media sonrisa
y este sentimiento en fase creciente
...

y la noche dando paso a este velorio
a esta velada desconsolada
y dime si escribir no cura el alma,
y pobre de ti que no te retumbarán las palabras
y te harán eco en la tumba
y yo diré que acabé el año como si fuera el fin del mundo
comiéndolo con ansia,
empachándome de tanta
tanta esperanza...

8. VICIO

como aquella tarde de diciembre en una terraza del centro
cuando Ainhoa pidió un café al estilo:

«directo del infierno, por favor»

me despierto y antes de abrir el segundo párpado la cafetera
ya está empezando a hervir sujeto la taza negra de siempre
para abrasarme las manos y compensar el frío que hace fuera,
(fuera del edredón) le doy el primer sorbo y grita en silencio
mi garganta

recién repostada imagino cómo puedo disfrutar lo que hago
con calma desde hace mucho de aquella vez...

pienso que voy de moderna, de *aesthetic*, con mi taza preciosa
a juego con todo lo que me rodea en la habitación, pensando
en disfrutar de los «pequeños placeres», pero joder, Marina,
que eso ya está muy visto...

luego vuelvo a pensar cuántas fotos se habrán compartido en
Instagram de ese estilo de tazas preciosas, con el minimalismo
justo para estar de moda, acompañadas de la decoración sutil
para la puesta en escena con encuadre 16:9 que deja entrever
un trozo del libro que has rescatado de una balda, que era de
la casa antigua, que vete tú a saber de cuándo la reliquia, pero
que decides darle una oportunidad porque se presenta con
aires *vintage* y claro, ahora sí que por fin quieres darle uso...

me replanteo esto que digo y pienso que me diréis: Marina,
ya estás otra vez romantizando tu cotidianeidad como tantas
otras muchas que idealizo escribiendo mientras bebo café

y sí, que últimamente solo escribo penurias de mis interiores y
a veces quiero arrancarme la cabeza porque quiero ser una tía
joven que se despierta sin alarma y piensa en seguir durmien-
do porque hace frío, porque fuera hay mucho lío, porque no

hay que preocuparse sin motivos, pero los demonios tocan la puerta todas las noches y yo los invito a recostarse conmigo, que ya son parte de mí...

y sí, hoy no he contado nada nuevo y no es corto y no rima, y no suena triste, pero me «medioquejo»

y os cuento esto tomándome otro café

y le dedico una oda,

ay, vicio legítimo,

motor de combustión

estimulador matutino

elixir del artista

9. OBSTÁCULOS

la vida está llena de tantas piedras que obstaculizan caminos mal tomados
pero,
y qué si equivocarse de dirección no es traicionar al destino (?)
y qué si lo importante son las piedras y no el camino (?)

10.

odio el amor
odio el vicio
odio sentirme especial
perder mi sano juicio

ebria de tus influencias
vomito mis principios
mi alma encrucijada
tú Pilatos
yo Cristo

abro los ojos
en mitad de noche la luna embriagada de lucidez
yo en la oscura habitación
vomito tu recuerdo a tu exlado de la cama
entre sábanas me desquicio
necesito reinicio
¿cuándo puse fin a mis principios?
y así pienso que odio decirte te quiero
para que luego venga otro amor
al que le digas de nuevo
«que por ti yo me muero»...

11. DESAHOGO

aquí me estoy desvistiendo
descosiendo
desviviendo
desangrando
descontrolando

aquí estoy escribiendo con
desaliento
desempeño
descontento

aquí me
desinhibo
descuido
desespero
...
(des)ahogo

I2. HILO ROJO

no creo en el destino
pero sí en las casualidades que manifiestan señales
pero sí en los sucesos que descuadran esquemas
y encuadran ilusiones
creo en el hilo rojo que conecta pasión invisible e indivisible
entre almas que no esperan encontrarse, pero que el día que el hilo se corte
se arrepentirán de no haber descosido sus almas hasta la muerte

13. DISPARO

si te pegase un tiro tu sangre derramaría versos
porque no hay palabra que no escriba
pensando en cómo te la diría entre besos

14. VACÍO

siento ese <u>vacío</u>
al igual que cuando
bebo un trago de agua
y noto una cascada helada
acompañando un <u>escalofrío</u>

15.

al final te encontré
entre la espuma de mi café
cada mañana entro en calor
cada lunes me sabe mejor
no le echo azúcar
no quiero sonar dulce
prefiero el amargor de tu amor en tres sorbos
que, aunque me sepa a poco
nunca lo dejo enfriarse del todo

16. IRREGULARIDADES

te has metido en mi vida como una lagartija entre los cobijos de una roca
rápido, voraz e inesperadamente

te has colado porque tienes buen papel en las películas de mi cabeza:
a veces de prota, otras de pasota

tengo el corazón lleno de irregularidades
no me mantengo recta en este cerebro torcido

no soy retorcida, no retrocedo
quiero fluir, aunque tenga el viento sur en contra
aunque ya haya perdido el norte

soy como una estrofa
breve y explosiva
fugaz y persistente

puede que al principio te cueste entenderme
pero siempre podrás volver a leerme
y así entenderás, por fin, qué significa quererte

17. NO SÉ

no sé qué consejo darte
no sé cada cuánto pensarte
no sé cómo gestionar
en mi mente este desastre

18. SINCERO

he visto un te quiero
sincero
saliendo de tu boca
una fría mañana de
enero

19.

soy un resto de colilla
un poso de café
otra noche esperando
la maldita notificación
«te quiero ver»

20. POESÍA

ahora somos otra versión
el volumen de otra película
otra saga, una historia interceptada
eso éramos...
te hice tantas veces poesía que perdí el ritmo...

te recuerdo dormido y me recuerdo viva
en un incesante trance donde has sido sueño tantas veces
que ya no te veo en este insomnio...

21. DOS PALABRAS

cómo tan solo dos palabras pueden
sanar tanto
embellecer
desear
preferir
agradecer
lamentar
entristecer
apurar
atormentar
emocionar tanto...
por qué las palabras producen tantas sensaciones
                      [y nos cuesta tanto pronunciarlas (?)
y por qué se nos hace tan fácil querer y tan difícil decir «te quiero» (?)...

22.

negro funeral
parezco un entierro
no me traigas flores
tengo medio corazón muerto
el otro medio reviviendo

23. POETISA (?)

a veces,
mediocre
otras,
poetisa
de bar
de piques
de dar palique;
poetisa de segunda
de rimas de primera
(necesidad)
poesía vanguardista
de notas en iPhone
de rap de conciencia
de clase media
de nueve y medio;
poesía analógica
de sonetos sordos
de epítetos tímidos:
«poesía de a pie, la que camina por las conciencias»;
poesía de pega
de careta
de borrador y libreta
de ensuciar el papel
y vaciar la conciencia

24. CIMIENTOS

estoy en deuda con las palabras
son soporte
de mi desorden
cimientos
que no perecen,
son mías
y de todos
los que las leen
y algo sienten

25. NOSTALGIA DE TENDENCIA

y si todo es un escaparate social
yo ya he puesto mi mente en venta
si sueno triste no quiero estar de moda
y yo que siempre veo en todo alternativas positivas...
me gusta el negro
y aunque me lo pintes todo rosa
me retrato como Whistler:
«un (des)arreglo en negro y gris»
el corazón a punto de morir
tus balas no van a agujerear mi blanco fácil
mi mente frágil
estas palabras me persiguen como la muerte
y hoy que estoy de suerte
me pongo a escribir
me recuerdo quién era
qué me ha hecho llegar hasta aquí (?)
qué tipo de amor buscamos (?)
¿el primero?, ¿uno de segunda mano?
y eso quiero,
que ese amor mío de segunda
me tire la piedra y me extienda su mano

26.

amor descafeinado
al menos ya no me quitas tanto el sueño...

Flores

I. ARQUETIPO

abro mi corazón, pero estas palabras no me llenan
tengo un pensamiento difuso: ideas mezcladas, inspiración desatada
incapaz de consolidar una respuesta, busco a mi prototipo
energías opuestas en arquetipos
y quiero que seas mi tipo
y escupirte algo bonito
palabras dulces siempre con la miel en los labios
pasan los días y me duermo agradecida
un día malo; nostalgia creativa
y si me evado no pienso que pensaré mañana
quien querré ser cuando no tenga ganas de nada
cuando te piense con esta cara apenada
pero sigo sin respuesta, tengo un desarreglo y un descontento
quiero que me cantes tu vida como si fuese un concierto
que me dejes sin voz y pueda callarme este discurso de delito
de hastío infinito
no quiero echar raíces...
aunque las flores, a veces, crecen dos veces en la misma tierra...

...y si me hubieses quitado las espinas de la rosa,
no florecería esta inquietud
y si me hubieses hecho poema,
no te hubiese puesto letra
y te estoy buscando en mis jardines,
arranco una flor, la deshojo
no creo en la suerte, pero este último pétalo
me niega tu amor

2. CAMBIO DE ESTACIÓN

algo ha cambiado
es la luz este último día de verano
el sol pierde fuerza, el atardecer, minutos de vida
se asoma la rutina con su monótona filosofía
con su correcta norma y armonía
de deseoso incumplimiento
su perfecta táctica
de frenar al caótico
y sumir al soñador
la luna se precipita
para iluminar los ojos
de un ciego una noche en vela
el tiempo avanza
la ilusión se agota
los cambios inspiran
y parece mentira... que llegue el invierno a recordar esos días,
aquellos en los que creías
saber lo que querías

3. CADENAS

y entonces entendí
que un mensaje no iba a salvarme
que un atisbo de interés no iba a saciarme
que un te quiero puede precipitarse

que un beso es más anhelo que consuelo
que un abrazo aprieta y sí ahoga...

y hoy me pesa hasta la cadena
y aún me quedan muchas noches
cumpliendo esta condena

4. DÍAS

eres sequía en los días en los que cae un diluvio sobre mi herida
tienes la sangre del puñal que me clavaste
tienes el volante que giró mi rumbo
y al desguace echaste

5. TE VOLVERÁS POESÍA

mi alma está contigo, mi razón en el olvido
el pasatiempo como recuerdo
el paso del tiempo como lamento
salgo, cruzo, traspaso, la línea de lo absurdo
las calles con recuerdos me parecen hasta insulto
no hay indulto para este corazón preso
vacío por excesos, partido en mil trozos
las veces que te pienso parecen acoso
pero escribo, por si acaso te vuelves <u>poesía</u>
y me sirves de consuelo cada vez que pienso si te veré de nuevo...

6. ARTE

eres arte
porque sé apreci-arte
interpret-arte
mir-arte
escuch-arte
calm-arte
valor-arte
porque eso significa am<u>arte</u>

7. INFIERNO

fluye...
nada viene a salvarte
lo que esperas nunca llega
lo bonito no avisa, te saca la sonrisa
a veces dura, otras se va deprisa
...
y entonces miras arriba
y pides en un suspiro de anhelo
a la distancia
a la nada
que alguna vez este infierno
se junte con tu cielo

8. AYER Y HOY

ayer y hoy
no son iguales que hoy y mañana
ayer más pesado, más pasado
y tú... pasando
hoy más ausente, más presente
y tú... indiferente
mañana más escudo, más futuro
y tú...
quizás, nunca lo sepas
nunca vuelvas,
nunca estés y no te mencione...
ayer presa en tu boca
hoy en la cárcel de tu silencio
mañana libre de condena
y esta noche en vilo
en duda
y en deuda con el destino

9. INDEPENDENCIA

es fácil decir que no te pienso
difícil intentar que suene cierto
imposible ignorarlo
tengo la cabeza en el bando del enemigo
el corazón en el frente perdido
estoy en plena lucha a(r)mada,
en un escudo de fe apaciguada
no recupero la paz si no me das tu guerra
pero hoy salgo a luchar
por la victoria de mi independencia emocional

10. CONFORMISMO

tengo estilo y porte
pose y corte
cambio y corto
avanzo y me desmonto
tropiezo y no remonto
un suspiro al día
un llanto por noche
una breve síntesis
un juego de antítesis
antisistema
hambrientos fondos buitre
depredadores medios
contaminación del necio
propuestas de cloaca
sentencias de traca
gobierno de títeres
democracia de estirpes
colectivismo egoísta
individualismo maldito
conformismo bendito
lucha amada
defensa hastiada
orgullo de patria
nación de petaca
silencio de rebelión
grito de sumisión...

11. JOYERÍA

yo no quería amor romántico, de joyería
pero sí una cadena que me atase a tu recuerdo
y si te fueras me recordara presa en su condena
estoy gastada, erosionada
como piedra caliza,
frágil, podría hacerme añicos
y con un ligero cambio de aires   desaparecer
dejar caer mis sedimentos al río de lágrimas
ahogar mis impurezas, dejar que emane el agua
y me volveré delta esperando que alguna corriente
me vuelva diamante

12.

no sé qué hacer con mi vida mientras tú me cuentas la tuya
te escucho pensando, ¡qué suerte!
y te cuento la mía que es breve, llena de heridas leves
y no creo en la suerte, aunque se puso de mi parte
y cuando acabe de hablarte, te diré
que quiero tu nombre en mi esquela el día que espere la muerte

13.

parezco muy intensa
pero enseguida se me pasa
un día parezco funeral
al otro, fiesta

14.

era invierno de capa caída
de mirada fija, de manos frías
de mirar al horizonte sin un propio fin
y pensar en escribir
porque creo en mi ilusión
no en una sociedad con final feliz
me he unido a la rutina
pero mantengo el criterio
la autoridad es un circo
y nosotros una tragicomedia
escribo como zombi mental
y como cualquier inconformista
que entiende más de palabrería
que de hechos activistas

15.

qué adición contigo, Dios mío,
que ni creo en Dios
ni tú eres mío

16. LUTO

estoy de luto
con mi vida de lujo
de personas sin tapujos
con mi mente de insulto
ábreme los ojos
igual que abriste mi herida
lo nuestro era puro
aunque no daba un duro
quédate mis poemas
son más tuyos que míos
huye de mi cabeza, rápido
que aún conservo mi entereza

17.

escribo lo que siento
sin etiquetas
sin métricas
sin recursos
con disgustos, puede
con gusto, si se debe
no sabría catalogarlo
el arte
la comunicación
la expresión
puede que el subjetivismo
a veces el absurdismo
escupitajos de vísceras
escondrijos internos
todos sacados a *plein air*
deshechos realistas
la estética
la belleza
la entereza
todo lo agradable a la vista
lo confortable para el alma
inquietante para el corazón
todo lo que se hace por gusto
lo que produce placer
todo lo que sea fluir
sentir
todo lo que se sienta como vivir
y lo que se tema como morir

18. ESQUEMAS

me has roto los esquemas
me has desmentido las premisas
ahora estoy borrosa
veo un atisbo de verde
entre mi nube gris
estás asomándote, esperanza
o eres el sol detrás de mí (?)
me estoy acercando al cielo
o eres la ilusión que le queda
al que quiere sentir (?)

19. ESPINAS

las espinas de mi flor ya no pinchan
si me tocas ya no duelo
si me encojo
no quiero consuelo
tengo más pétalos arrancados que deseos fingidos
ya no me quedan primaveras de reinicio
he pasado demasiados inviernos sacándome de quicio
estoy enredada en rosales, ya no paseo mis jardines
soy una hoja caída de otoño, si me pisas resbala el rocío de mis lágrimas
¿por qué todo lo pongo en posesivo, tengo que centrarme en mí?
no te invito a mi quimera, me saca de sí
arranco una flor como si fueran mis entrañas
me pincho y sangro
dolor y llanto
de apariencia mustia
espíritu altruista
no te guíes por mis pétalos, conoce mis raíces
regálame una flor y su poca vida
muéstrame tu herida
toma una espina,
rásgate mi sangre y devuélveme la cura
no quiero que escueza, porque acabará sanando...
y tú, sigue sangrando
que yo,
seguiré fingiendo
que ya no duele tanto

20. OJALÁ

bailemos muchas veladas
ojalá...
encendamos muchas velas
y cuando se apaguen, sigamos viendo luz
y que la oscuridad sea tan íntima que hagamos sombra al negro
que el mínimo destello sirva para encendernos de vida,
                                        [iluminar un alma abatida
y que bajo la oscuridad de una noche la luna no nos reemplace
y nos quedemos contemplando un horizonte en el que de verdad creamos
que después de nosotros nada sea lo que parece

21.

los pájaros de mi cabeza aún revolotean en mis sueños
y tú los mataste de un tiro

22. INSULSO

un corazón plano
raíces internas sin riego
con riesgo
esta soy yo
fruto de un desconcierto
de un descontento
un desencuentro
un desaliento
...estrépito...

23. A MÍ

perdona por dolerme tanto
perdona por no saber ser yo
cuando me decías «y tú que vales tanto...»

24. A Lydia

te escucho aplastar letras, como si quisieses exprimir las palabras,
como si fuese lo último que vas a decir
escribes como desahogo y para dejar testigo de una parte de ti
que cree estar perdida, pero solo está redactando el prólogo de su vida
que por muchos capítulos que se presenten y te desvíen
tú por ellos te desvives
estés donde estés estoy segura de que acogerás con sonrisa cada bienvenida
explotarás y absorberás vitamina
uno siempre acabará donde se merece y quiere
y cada lágrima que arrastras contigo
cada sonrisa que te da energía en ese camino
te harán ser la mujer que eres
sobrevivirás en cada bocanada de ansia
de vivir tan intensa la vida
una continua autorreflexión
escribir las primeras líneas de tu historia
te nutres de pensamientos
que aunque parezcan críticos, exigentes
que aunque las aguas de Mallorca te hagan sentirte a la deriva
aunque cruces océanos que te arrastren a tierra desconocida
determinarás tu presente, agradecerás cada incertidumbre
eres sensible a la vez que determinada
alocada pero fiel a tus principios
tienes un aura relajante
eres calidez y paz a la vez que locura
y con qué ternura pienso...
que por muchos kilómetros que nos distancien
tú misma eres cercanía
eres un calco, un reflejo de esos pocos que creen
                                  [que aún escriben para el mundo
aunque este no les escuche...

una pequeña parte de ti me hace eco
y yo con una vela tímida iluminando mi cuaderno en una habitación,
[romantizo mi nostalgia
y tú en la tuya, llevándote en la maleta tu vida, con los nervios a flor de piel,
cuestionándote devenires
lo mejor está por venir, te dices...
empieza tu viaje
te sientes una extraña
pero no es extraño
en estos casos ya sabes qué hacer
te deseo toda la suerte del mundo, amiga
el piso es pequeño, Madrid muy grande
pero sabes siempre dónde puedes volver...

25. Madrid

me despierto pronto
y no tenía prisa
con ganas de exprimir el día
recapitulo mi vida
doy gracias
y cierro los ojos
tómatelo con calma, me digo
y me da la risa

desvelada
pienso en todo lo que quiero hacer
tengo hambre de vida
¡demasiados estímulos!
comienza a amanecer
enciendo el portátil
quiero escribir
¿en qué me inspiro?... escribe no pienses siente
empatizo con las flores como un símil de mi ser:
en los días que llueve
me riego las raíces
escribo
¡y mis flores mustias empiezan a florecer!

hace frío y me reincorporo en la cama
6 de diciembre
un día precioso,
es festivo con su frío
el silencio matutino
vecinos muertos
mi conciencia en calma
los pensamientos en la línea de salida

comienza la carrera mental
mis dedos sutilmente aplastan el teclado
Madrid en diciembre
es puente y las calles están ahogadas
ciudad de luces y sombras, hoy quiero verte iluminada
respondo el mensaje a Lide, que viene de camino
«Ya estoy en la estación tomando el primer café»
«estoy escribiendo...» —le respondo— «qué ganas de verte,
[ya he pensado qué hacer»
vamos al mercado de las flores
a ver a las rosas de esta cuarta estación
me abrigo y saco otra foto del último mes
se renueva el ciclo y ya es otro año más, en el que vuelvo a <u>florecer</u>

26. QUÍMICA

y si lo nuestro era más que química
por qué no me sale la ecuación (?)
y si polos opuestos se atraen,
pero tú te crees menos y yo menos aún...
pero, ¿y qué si (-) y (-) es +...?

27. FUNERAL

rosas de funeral
un día de valentía
amor sobre vendido
pasión forzada
espinas desafiladas
rojo sangre
herida abierta
corazón en venta
pétalos rojos
deseos marchitos
amor encrucijado
secretos encarcelados
estos poemas muertos
tú de negro
yo de luto

28. GRIETAS

por las grietas del corazón herido de esos niños escurren litros de sangre
y contagian ese horizonte de tez rojiza
de explosiones de crueldad e injusticia
arrasan con los únicos cimientos de esperanza que queda en pie;
millones de vidas ocultas bajo escombros
y entonces dime quién se ha disfrazado de fe...
y qué vas a esperar de unas manos que prefieren sujetar una bala
                                        [que estrujarla en señal de paz

entre los escombros de un pueblo avasallado por la injusticia
                                        [escurren litros de sangre
y dime por qué se mira para otro lado
por qué se apacigua la defensa
por qué sangran los inocentes
por qué lloran los valientes
y ahora dime cómo voy a respetar a las autoridades
cómo voy a avalar organizaciones mundiales de derechos inhumanos
y por qué lloramos a escondidas
y por qué callan a los que reivindican
y por qué solo puedo gritar en silencio

y por qué no sufren pena de <u>muerte</u> los que acaban con tantas <u>vidas</u> (?)

29.

templanza que estabiliza mis siete chakras
mi corazón como centro energético
la felicidad cuesta abajo por la columna vertebral
he ganado la batalla por una vez a la impulsividad
busco plenitud
profundidad
quiero beber de tu esencia
tengo sed
de amor visceral

30. A VOSOTRAS

y yo que veo en toda mujer
algo bonito
en todas, fuerza
en todas, coraje
todas y juntas sois carácter
talante,
peligro
inminente
todas y cada una:
puro arte

31. VACÍO

tengo guardadas para decirte muchas cosas:
unas en la galería, otras en cajones
unas en vida, otras sin ropa
algunas *post mortem*
unas en el cielo, en el infierno, otras
algunas en las entrañas, otras en el alma...
y, con todo,
he perdido mi intimidad
mi corazón desnudo
está helado
me he desvestido
y ahora noto
el frío de este vacío

Pétalos

1. El corazón desnudo, y aún me da miedo quitarme la ropa.

2. Por mis ojos bajaban ríos que desembocaban en la sequía de los tuyos.

3. En la oscuridad veo las cosas más claras.

4. Te pintaría sobre un lienzo para enseñarte mi desastre más abstracto.

5. El corazón está donde el cuerpo siente lo que piensa.

6. Acostúmbrate a no estar conmigo, no sin mí.

7. Al final, siempre se vuelve al principio.

8. Vivo en un gris y me lo pintas todo rosa.

9. Dices que eres libre en una mente esclava.

10. Tenías que sacar conclusiones, los hechos no te dan explicaciones.

11. Sé mantenerme cuerda, pero me ataría.

12. ¿Cómo puede haber vacío en los ojos de quien llena un corazón herido?

13. Tus palabras fingían lo que tus ojos desmentían.

14. Lo que menos me tira es lo que más me ata.

15. Me he quedado en el hilo de mi telaraña otra noche en vilo.

16. Llevo oro, pero no reluzco.

17. No sé si me duele más la herida abierta o la cicatriz curada.

18. Te he llorado a mares y ni mi barco ha salido a flote.

19. Es más infierno que invierno.

20. Qué ganas de que seas el prota de la peli que me he montado.

21. Todo es fachada, porque lo que de verdad sale a la luz se confiesa en la oscuridad.

22. La antítesis a mi florecer, el marchitar del atardecer.

23. Al final, todos sangramos del mismo color.

666. Iremos al infierno por las formas, aunque tengamos ganado el cielo.

777. Y si no soy la mujer de tu vida, dime al menos que estoy de muerte, o de suerte.

24. La IA jamás escribirá un poema de corazón.

25. «Eres de diez», me dice. «Y qué...», le digo, «si vivo en un trece».

26. Te he llorado a mares y ni mi barco ha salido a flote.

27. Yo pensando en verte, tú intentando no saldar cuentas pendientes.

28. Qué guapa estás desde que te quieres tanto.

29. Con esos ojos yo te he visto comerte el mundo sin aviso.

30. Me alimentas la ilusión mientras me desaliento el pensamiento.

31. No te necesitaba para nada, pero te quería para todo.

32. Eres magia y yo no me sé ningún truco...

33. Necesitamos una rutina y alguien que nos la rompa.

34. A veces las barreras son para prevenir y otras para obstaculizar...

35. Llevas los ojos con brillo, y yo, cantándote otro estribillo.

36. Te miro, pero ya no te veo.

37. Hay conexiones que nunca fallan, aunque pierdan energía.

ÍNDICE

SEMILLAS DE NOSTALGIA

RAÍCES DESARRAIGADAS

FLORES